AF337699

LETTRE A M. DE PERSIGNY

A L'OCCASION DE SA CIRCULAIRE CONTRE LA

SOCIÉTÉ DE SAINT-VINCENT DE PAUL

PARIS. — IMP. DE W. REMQUET, GOUPY ET C^c, RUE GARANCIÈRE, 5

LETTRE

A M. DE PERSIGNY

A L'OCCASION DE SA CIRCULAIRE

CONTRE LA

SOCIÉTÉ DE SAINT-VINCENT DE PAUL

PAR

M. POUJOULAT

PARIS

CHARLES DOUNIOL, LIBRAIRE-ÉDITEUR

29, RUE DE TOURNON

1861

LETTRE

A M. DE PERSIGNY

A L'OCCASION DE SA CIRCULAIRE

CONTRE LA

SOCIÉTÉ DE SAINT-VINCENT DE PAUL

I

Monsieur le Ministre,

Vous nous tenez toujours en réserve des mesures qui offensent l'âme catholique de la France; nous ne nous lasserons pas de vous répondre et d'appeler vos œuvres par leur nom. Vous nous avez assuré la liberté de la discussion pour vos actes [1]; je m'avance sur la foi d'un sauf-conduit que vous avez donné vous-même. D'ailleurs une bouche pleine de vérités s'ouvre toute seule, et la conscience indignée n'accepte pas les précautions. Qu'il soit bien entendu que mon respect pour l'homme demeure séparé des appréciations que j'adresse à l'homme d'État.

La justice et la charité sont unies dans la pensée

[1] Circulaire du 8 décembre 1860.

chrétienne ; les atteintes contre l'une devaient être sui-
vies d'atteintes contre l'autre. La politique qui est la
vôtre a livré le pouvoir temporel du Pape ; elle livre en
ce moment la Société de Saint-Vincent de Paul. Des
promesses rassurantes avaient précédé la spoliation du
souverain Pontife, et c'est pour cela qu'en partant pour
l'Italie vous aviez obtenu les prières de l'Église ; mais *le
Siècle* en savait plus que nous ; il traçait une voie dans
laquelle il persistait à croire que vous deviez entrer : il
ne se trompait pas. Il n'a pas encore tout ce qu'il désire,
mais il nous dit qu'il compte sur vous. *Le Siècle* marche
devant vous : il est votre héraut d'armes, vous arrivez
après. *Le Siècle* fait la préface et vous faites le livre. Il
excite et prépare ; vos œuvres futures sont écrites dans
ses colonnes. *Le Siècle* est un pouvoir d'un genre inconnu jusqu'à ce jour, un pouvoir prophétique. Il lance des
bruits, des desseins, des rapprochements outrageants ;
les honnêtes gens s'étonnent de ses audaces, de ses énor-
mités ; puis on ouvre *le Moniteur* et l'on trouve que *le
Siècle* est satisfait. Depuis assez longtemps il nous fati-
guait de ses inventions grossières, de ses injurieuses dé-
clamations contre la Société de Saint-Vincent de Paul ; à
l'entendre, cette société où s'accomplissaient sans bruit
les plus touchantes merveilles du dévoûment chrétien,
n'était que l'œuvre ténébreuse d'un parti déguisé sous le
manteau du héros de la charité ; c'était une conspiration
permanente, une agression de toutes les heures contre
la paix des familles, les droits du citoyen, les « conquêtes
de 89 ; » il demandait des clubs pour son compte ou des
mesures contre la Société qui lui portait ombrage ; il
exigeait surtout que la franc-maçonnerie et la Société de

Saint-Vincent de Paul fussent placées sur la même ligne.
Vous avez été de son avis, Monsieur le Ministre, au
moins quant aux conclusions, et votre circulaire du 16
octobre en est la preuve. Une fois de plus vous avez
emboîté le pas du *Siècle*. Le temps serait-il venu d'*aplatir
la calotte*, comme on dit dans une langue exquise dont
certaines gens ont le secret?

II

La France s'est fait un grand nom sur la terre; ce
n'est pas seulement parce que sa monarchie a été la plus
illustre des monarchies connues, la mère et le modèle
des monarchies de l'Europe; ce n'est pas seulement parce que ses armes, sa langue, sa littérature et ses initia-
tives civilisatrices lui ont conquis une sorte de souve-
raineté : la charité est entrée dans les grandeurs de
notre histoire; la France est célèbre par sa charité. Elle
y met son élan et sa délicatesse, son activité et son
courage, sa chaleur et son art. La France, instrument
ancien des desseins de Dieu dans le monde, justifie le
choix divin par l'amour; elle porte un flambeau mais
elle porte aussi le baume; elle vole aux batailles, mais
elle compatit. Il y a chez nous une sainte intrépidité qui
se déploie obscurément dans les réduits où l'on a faim,
où l'on a froid, où l'on souffre. On n'est rebuté par rien,
et l'on dit à la misère : Vous êtes ma sœur ! — On sou-
rit, on console, on aime; les mains ne sont jamais vides,
mais les dons apportés n'égalent pas les tendresses du

cœur. L'explorateur aux pays lointains est heureux de découvrir des régions inconnues ; plus heureuse est la charité à chaque souffrance qu'elle découvre et qu'elle s'apprête à soulager. Elle voudrait ne pas laisser de pleurs sans les essuyer, ne pas laisser de plaies sans les panser; elle cherche, elle devine, elle est vigilante et sans repos. Comment se reposer lorsque chaque pas qu'on fait vous révèle quelque chose à adoucir dans les tortures humaines! que de plans ingénieux! que de combinaisons utiles ! que d'efforts! et c'est ce travail de consolation et de réparation qui vous était suspect ! La charité, cette gloire si pure de notre patrie, vous inquiétait ; le doux génie de l'amour était devenu votre terreur ! Ne dites pas que vous restez fidèle à la charité; vous venez de la frapper dans son organisation la plus féconde. La Société de Saint-Vincent de Paul était pour notre pays comme une couronne bénie; son nom si respecté avait retenti aux deux bouts de la terre; vous l'avez abolie. Ce qui pourrait en subsister encore n'aurait rien de commun avec cette association dont le souvenir sera l'honneur de notre temps.

III

Vous l'avez louée en lui portant vos coups. Les ménagements de langage auxquels vous vous êtes senti condamné empêchent que votre acte ne s'explique. Vos hommages sont des contradictions. Si la Société de

Saint-Vincent de Paul mérite les éloges que vous lui dé-
cernez, pourquoi la jeter à bas? Si l'esprit de l'œuvre
« paraît en lui-même étranger aux préoccupations po-
« litiques, » que pouvez-vous redouter? Si les conférences « comptent dans leur sein un grand nombre de
« fonctionnaires publics et d'amis dévoués du gouver-
« nement, » que manque-t-il à votre sécurité?

Les conférences locales obtiennent votre sympathie;
c'est la direction que vous condamnez; ce sont les comités provinciaux qui vous déplaisent. Dites-nous vos
griefs, citez des faits, précisez vos accusations. Expli-
quez-nous de quelle manière les comités s'imposent
aux sociétés d'une province, « comme pour les faire
« servir d'instruments à une pensée étrangère à la
« bienfaisance. » Mais vous venez de reconnaître que
« l'esprit de ces sociétés paraît en lui-même étranger
« aux préoccupations politiques; » et voilà que ces
sociétés sont « des instruments » d'une pensée autre
que celle de bienfaisance. Mettez-vous d'accord avec
vous-même. Et si la politique vous est apparue là où
elle ne doit pas se montrer, sortez de votre nuage, affir-
mez et soyez net. Le vague ne sied pas aux motifs d'une
mesure aussi considérable. Vous n'êtes pas plus ex-
plicite en ce qui concerne le conseil supérieur siégeant
à Paris. Vous dites qu'une « telle organisation ne peut
« s'expliquer par l'intérêt seul de la charité. » Il y a
vingt-huit ans que cette organisation existe; avant vous,
aucun gouvernement ne s'en était préoccupé.

Vous accusez le conseil supérieur de faire des sociétés
locales « une sorte d'association occulte, » et vous de-
mandez si la charité chrétienne « a besoin, pour s'exer-

« cer, de se constituer sous la forme de sociétés se-
« crètes. »

Vous êtes Ministre de l'intérieur, et les moyens d'information abondent autour de vous. Avez-vous jamais ouï dire que les conférences de Saint-Vincent de Paul se tinssent dans l'ombre, à des heures inconnues, avec les mystérieuses précautions des anciens conspirateurs de France ou d'Italie? Faites-vous remettre un petit volume qui se trouve partout et qui a pour titre : *Manuel des œuvres et institutions de charité de Paris;* vous y verrez le lieu, les jours et les heures de la réunion du conseil supérieur qui « entretient entre toutes les con-
« férences de la Société un échange de communications
« charitables. » Vous verrez, dans ce *Manuel,* un « pro-
« gramme des jours, heures et lieux de réunion des
« conférences de la Société de Saint-Vincent de Paul
« du diocèse de Paris. » Les sociétés secrètes n'ont pas coutume d'afficher ainsi leurs réunions et leurs œuvres; un homme d'État de quelque expérience ne tombe point en de telles méprises. Il n'est pas permis de confondre Saint-Vincent de Paul avec Mazzini.

Vous prétendez que le conseil supérieur « prélève
« sur les conférences un budget dont l'emploi reste in-
« connu. » S'il y a dans cet « inconnu » quelque chose qui excite vos alarmes, vous auriez pu demander communication des pièces; la charité est délicate envers ceux à qui elle donne, mais elle ne refuserait pas de rassurer un gouvernement. Les membres du conseil supérieur ne peuvent faire des deniers de la charité qu'un utile et religieux emploi. Quoi de plus difficile à condamner que l'inconnu! et c'est devant une

pareille logique qu'est tombée la Société de Saint-Vincent de Paul?

IV

Cette Société, aussi humble dans ses commencements que le grain de sénevé dont parle l'Évangile, était devenue en peu de temps comme un arbre au tronc vigoureux, à la séve puissante, aux rameaux nombreux, et les oiseaux du ciel se reposaient à son ombre. En ordonnant la dissolution « de tout conseil supérieur, cen« tral ou provincial, » vous avez coupé l'arbre par le pied, et les oiseaux du ciel ne s'y reposeront plus. Ce qu'il vous a plu de dissoudre constituait la vie même de cette grande association. C'est par là que le primitif et bon esprit se maintenait et que les déviations étaient impossibles ; c'est par là qu'il y avait de l'air pour entretenir la flamme de la charité ; on conservait une unité de vues qui profitait au bien, et comme une unité catholique partant d'un siége principal. Cette dissolution est la mort. Les branches qui ne tiennent pas à un tronc se dessèchent vite.

V

Je vais vous faire sourire en abordant la question de la légalité ; aussi n'y toucherai-je que brièvement, comme un homme qui, depuis dix ans, a pu assister aux défaillances de l'empire de la loi. Si vous aviez invoqué le décret du 25 mars 1852, j'aurais passé outre ; l'article 2 de ce décret est le tombeau de tout droit de réunion. Mais vous invoquez « la loi qui interdit ces « sortes d'association. » Vous avez donc en vue une loi particulière et directe.

Quelle est donc cette loi ? S'agit-il de l'article 291 du Code pénal ? Nous avons eu trop souvent affaire avec cet article pour que le sens et la portée en soient restés douteux ; ce n'est pas contre la charité mais contre la politique que le législateur entendait se prémunir. Tel fut aussi le caractère de la loi de 1834, présentée à la suite des coalitions d'ouvriers à Marseille, à Lyon, à Saint-Étienne ; parmi les 246 votants de cette loi à la Chambre des députés, quel est celui qui aurait laissé tomber sa boule blanche dans l'urne si on lui avait dit qu'il allait voter contre la liberté de la charité ? Du reste rien de semblable ne vint à la pensée de personne, et la discussion en fait foi. La législation du premier Empire, qui vous est habituellement si profitable, n'a pas un décret, pas une décision, pas un rapport sur lequel il vous soit permis de vous appuyer. Oseriez-vous appeler à votre aide des époques et des noms sinistres pour vous donner un vernis de légalité ? Danton vous fait assurément trop d'horreur pour que vous vous abritiez derrière sa signature. La preuve, la preuve invincible que les réunions de pure charité ne tombaient pas sous le coup de la loi, c'est que, pendant vingt-huit ans, aucun pouvoir parmi nous n'a eu l'idée de leur chercher querelle : elles étaient comme sous la garde de la conscience publique.

Si donc votre acte manque de justification légale,
votre acte demeure révolutionnaire.

J'ajoute que lors même que vous auriez eu rigoureusement le droit de frapper la Société de Saint-Vincent
de Paul, vous ne l'auriez pas dû par respect pour ce
dernier vestige de liberté, et par respect pour le droit
supérieur et immortel de la charité. Je ne connaîtrais
rien de plus horrible qu'un état de société où chacun
userait rigoureusement de son droit.

VI

Que vous dirai-je de l'autorisation obligatoire impo-
sée par votre circulaire? Et cela se passe en France
après soixante-dix ans de révolution, au milieu des ac-
clamations des journaux qui montent la garde autour
des conquêtes de 89! et vous, Monsieur le Ministre,
dont on vantait les vues libérales et les larges pensées,
vous qui sembliez nous avoir apporté de l'Angleterre
quelque chose au moins de ce que nous ne possédons
plus, vous voulez que nos mains ne puissent, sans per-
mission, sécher une larme et que notre compassion
s'autorise de l'assentiment du préfet! O le progrès! ô la
grandeur française! il y a peu de tribune, peu de liberté
électorale, peu de liberté de la presse, mais si, à l'ensei-
gne des principes de 89, on a une part bien modeste en
politique, on pouvait au moins s'occuper librement de
charité. Ce terrain, affranchi de l'intervention officielle,
était le terrain neutre où les cœurs généreux se rencon-

*traient. Maintenant il faudra que la charité locale porte l'estampille officielle, et si elle s'y refuse, l'action lui sera interdite. Autrefois, on disait : « En France, il y a de l'écho pour le bien. » Désormais le bien aura parmi nous quelque chose de plus que de l'écho, il aura des menottes.

VII

Il n'est pas nécessaire de beaucoup réfléchir sur le cœur humain pour comprendre que, sans liberté, il n'y a pas de charité féconde. La charité est une inspiration et ne souffre pas qu'on lui demande raison de ses œuvres ; la spontanéité est dans la nature même de ses mouvements ; elle trouve en elle-même son énergie ; le contrôle la glace et la stérilise. Vous lui parlez « des fa- « veurs du gouvernement et de la protection de l'État : » gardez vos faveurs et votre protection pour ceux qui les sollicitent ; ne vous semblent-ils pas déjà assez nombreux ? pourquoi prendre de force ceux qui cheminent avec leurs propres ressources et les faire passer sous les fourches caudines du budget ?

Mais votre idée fixe est de tout ramener, de tout retenir, de tout parquer dans le cercle de l'État. On avait cru que le meilleur gouvernement était celui qu'on sentait le moins ; votre avis serait-il que le meilleur gouvernement est celui qu'on sent le plus ? voudriez-vous que cette puissance armée qui se nomme l'État, se substituât à toute pensée, à tout battement de cœur, à toute dignité d'homme? Si, à ces traits, il fallait reconnaître ce que vous appelez votre démocratie, vous enjamberiez dix-huit siècles de christianisme, et vous vous placeriez à des temps peu recommandés par l'histoire. Les époques romaines qui ont suivi la chute de la république ont connu cette sorte de démocratie : que Dieu en préserve le pays des Franks !

VIII

Je devine sans peine les « bases » et « les principes » d'après lesquels vous organiseriez à Paris la représentation centrale des conférences de Saint-Vincent de Paul, dans le cas où ces conférences, par l'organe de leurs présidents ou délégués, en exprimeraient le désir. Vous y feriez certainement une bonne place à l'État. Je ne vais pas jusqu'à supposer que vous y ouvririez la porte à une pensée « étrangère à la bienfaisance, » mais quand on est possédé par l'idée de tout conduire pour le plus grand bien d'un gouvernement, quelle tentation que l'influence de la charité dans un pays comme le nôtre ! comme elle est possible l'envie de chercher son bénéfice dans la popularité d'une sainte renommée, et d'encadrer dans sa propre cause la figure de Vincent de Paul !

IX

Vos journaux vous ont dit que la France applaudirait à votre circulaire ; que de choses ne vous disent-ils pas ! je vous engage à ne pas vous en rapporter à leur satisfaction toujours la même, à leur approbation dont la valeur vous est si connue ; vous avez d'autres moyens et des moyens plus sûrs pour constater la vérité des impressions publiques. Faites-vous tracer en quelque sorte la carte des opinions et des esprits ; on vous a promis les applaudissements de la France ; examinez d'où partent les applaudissements. Voyez aussi d'où partent le mécontentement et le blâme. On vous a annoncé « quelques criailleries clérico-légitimistes. » Prêtez l'oreille et dites-nous si la plainte ne s'échappe que de la bouche d'un parti. Défendez prudemment à vos journaux de déclarer que la désapprobation est purement « clérico-légitimiste, » car, au lieu d'être une poignée de revenants et de sacristains, nous prendrions tout à coup de vastes proportions, et vous finiriez par être mal à l'aise avec ce qui resterait en dehors de nos rangs. Sachez-le bien, ce n'est pas dans un camp que vous avez lancé votre bombe, c'est contre toutes les opinions honnêtes, ce n'est pas contre un parti politique, c'est contre « le parti de Dieu et des pauvres. »

X

Votre circulaire blesse par plus d'un endroit ; ne pouviez-vous pas laisser tomber votre hache sans placer la franc-maçonnerie côte à côte de la Société de Saint-Vincent de Paul?

Certainement il doit se rencontrer beaucoup de braves gens dans la Société des franc-maçons, d'autant plus que tous ceux qui en sont membres ne savent pas le dernier mot de cette association très-occulte. Mais quel est donc l'ascendant du *Siècle* sur vous pour qu'il vous ait fait accepter un semblable rapprochement? vous avez avoué que la Société de Saint-Vincent de Paul était étrangère à la politique, et de récentes révélations ont prouvé que la politique jouait un assez grand rôle dans la franc-maçonnerie. A-t-on pu cacher au public que le prince Lucien Murat avait perdu sa grande-maîtrise pour avoir voté au sénat en faveur du pouvoir temporel du Pape? Parmi les journaux qui en ce moment vous tressent des couronnes, il en est qui proclament les franc-maçons « les représentants de l'idée démocratique. » Vous ne craignez pas de nous apprendre vous-même que « tout en accomplis- « sant avec zèle sa mission de charité, elle (la franc- « maçonnerie) se montre animée d'un patriotisme qui « n'a jamais fait défaut aux grandes circonstances. »

Nous ne connaissons, quant à nous, ni ses services politiques ni les œuvres de sa charité ; nous ne les nions pas, nous disons que nous les ignorons.

XI

Ce que nous avons appris par l'histoire et par les faits contemporains, c'est que la franc-maçonnerie n'agit pas en pleine lumière, et qu'on l'a rencontrée en Allemagne, au xviiie siècle, au nombre des sectes qui inquiétaient les observateurs religieux et monarchiques. Des princes qui n'allaient pas au fond des choses donnaient la main aux francs-maçons comme aux Illuminés et à d'autres, et se prêtaient aux mystères du *Grand-OEuvre*. Mais la révolution se cachait dans les profondeurs de ces affiliations, peu conformes à la franchise de notre génie national, et nées des sombres rêveries de l'imagination allemande. Les premières sociétés secrètes en France datent du bonapartisme vaincu en 1815. Le fameux rapport de M. de Marchangy, objet des railleries du libéralisme, fut trouvé si exact par les affidés, qu'ils condamnèrent le rapporteur à mort : l'intervention d'un membre des Ventes empêcha l'exécution de l'arrêt. C'est M. de Chateaubriand qui nous a révélé ce fait. Les renseignements nous manquent pour déterminer avec certitude la véritable attitude de la franc-maçonnerie en France depuis 1815 ; vous en savez probablement plus que moi sur son compte, Monsieur le Ministe, vous qui vous êtes trouvé en mesure de parler de son « patrio-tisme. »

XII

Vous avez jugé qu'il ne pouvait être « qu'avantageux « d'autoriser et de reconnaître son existence. » Vous en louez « l'ordre et l'esprit; » vous vous bornez à récla-mer « quelques modifications » pour « le mode d'élec-« tion de son organisation centrale. » C'est probable-ment à cause de ces imperfections que vous avez interdit la réunion des maçons pour l'élection de leur grand-maître, vous fondant sur « l'intérêt de la tranquillité « publique. » A la date même de la circulaire qui nous occupe, le représentant de la loge l'*Étoile* de la Charente, d'Angoulême, celui de la loge la *Parfaite-Égalité*, de Tournon, celui de la loge *la Vérité*, de Marseille, vous écrivaient pour protester contre votre « allégation; » ils se tiennent pour irréprochables. Aujourd'hui pour-tant ils doivent être contents de vous, eux et tous leurs frères de l'institution maçonnique. Vous leur faites leur place avec une confiance sympathique; on sent, en vous lisant, que vous avez là une force et un point d'appui. C'est comme une invisible armée à vos ordres et répandue dans le pays. Le patriotisme des francs-maçons « qui n'a jamais fait défaut aux grandes cir-« constances, » complète vos garanties d'avenir.

XIII

La question maçonnique a quelque chose de ténébreux, et lorsqu'on a des habitudes de réserve, on ne va pas bien loin sur ce chapitre. Il vous a été probablement donné de pénétrer plus avant dans cette association et d'en saisir pleinement l'âme et les tendances, puisque vous avez jugé « avantageux d'en reconnaître « et d'en autoriser l'existence. » Vous parlez avec une autorité que je ne conteste pas; mais, sans être accusé d'irrévérence, je puis bien dire qu'il y a, dans le monde moral, une autorité plus haute que la vôtre, celle du Pape. Je suis de ces faibles esprits qui restent attachés à la foi catholique, et la parole du Pape garde son empire sur moi. Les décisions du chef de l'Église sont toujours précédées d'un examen sérieux et profond. Eh bien ! la Société des francs-maçons est excommuniée, et vous mettez sur le même plan l'œuvre de Saint-Vincent de Paul tant de fois bénie, et le *Grand-Œuvre* souvent condamné : je me range du côté des bénédictions de mon Père.

XIV

J'essaye, Monsieur le Ministre, de vous montrer dans
son énormité votre acte du 16 octobre. La politique a
ses entraînements; elle a sés illusions et ses voiles; je
voudrais les écarter de vos yeux pour vous mettre en
face de la large plaie que vous venez de faire aux inté-
rêts les plus sacrés. Je balbutie des mots et je me re-
proche de ne pas savoir tirer de mon âme les accents
qui avertissent, qui émeuvent et réparent. Je me rap-
pelle les origines de la Société de Saint-Vincent de
Paul, l'élan si pur qui l'inspira, son exclusion de toute
préférence politique, la pensée de paix et d'amour qui
en fut l'élément et le fondement.

C'était en 1833; les intelligences flottaient confusé-
ment comme dans la nuit; on ne savait plus où était le
vrai, où était le faux; on cherchait une morale nouvelle
et un évangile nouveau; tout craquait; les folles tenta-
tives et les désespoirs se remuaient dans le vide; la jeu-
nesse française, au milieu de ruines accumulées sur
son chemin, ne demandait rien au passé, cherchait tout
dans un avenir sombre; la souriante fraîcheur des gé-
nérations nouvelles ne se rencontrait plus au milieu de
nous, et, à la vue de tous ces fronts si pâles, on pouvait
bien dire que l'année avait perdu son printemps. Il fallait cependant une lumière pour le voyage humain, un

point d'appui pour penser et espérer et pour affermir ses pas ; il fallait une religion, et l'on se demanda quelle pouvait donc être la meilleure. On répondit que la religion la meilleure était celle qui saurait le mieux aimer les pauvres, et cette réponse fut le berceau de la Société de Saint-Vincent de Paul.

Un enfant de vingt ans, qui s'appelait Ozanam et grandissait pour la vérité et pour la gloire, et sept jeunes camarades du quartier latin associés à son dessein, composèrent comme un collége d'apôtres au nom de la charité. L'œuvre, partie de Paris comme autrefois le christianisme de Jérusalem, s'étendit promptement en France et dans le monde entier. C'était comme la Bonne Nouvelle une seconde fois annoncée, un *Gloria in excelsis* que l'ange de la charité faisait entendre aux hommes. Le nombre des conférences de Saint-Vincent de Paul dans notre pays s'accroissait sans cesse ; il s'accroissait aussi en Angleterre, en Belgique, aux Pays-Bas, en Bavière, en Espagne, en Piémont, en Toscane, dans les États de l'Église, aux États-Unis, au Mexique, au Canada. Toutes ces conférences étaient unies entre elles par le conseil général siégeant à Paris, et que vous venez de dissoudre, Monsieur le Ministre.

XV

Ce lien une fois rompu, il ne reste plus que des individus et des fragments. Cette correspondance des membres avec le corps et la tête constituait la condition même d'une véritable vie. Votre circulaire a décapité la Société de Saint-Vincent de Paul ; entendez bien ceci, Monsieur le Ministre, car plus j'y pense, plus il m'est impossible de croire que vous vous soyez rendu complétement compte de votre acte du 16 octobre ; entendez bien ceci : vous avez supprimé l'élément essentiel qui animait et dirigeait cet ensemble de bonnes volontés ; vous avez supprimé ce qui était le souffle vivifiant et fécondant de l'association, ou plutôt il n'y a plus d'association ; il y a comme les anneaux rompus d'une chaîne désormais impossible ; il y a des débris qui se cherchent, et qui, après d'inutiles efforts, retombent à terre. Quelque chose de triste et d'informe est là couché devant nous ; on ne sait quel nom y donner : *sine nomine truncus.* Vous n'avez pas cru commettre un attentat contre les pauvres, vous ne l'avez pas cru et vous ne l'avez pas voulu, mais souffrez que je vous le dise, Monsieur le Ministre, vous l'avez commis.

XVI

La toute-puissance n'a été donnée ni à l'individu ni à l'autorisation préalable; l'homme, uni aux hommes, peut tout; l'homme réduit à sa force solitaire ne peut rien. L'autorisation préalable ne suppose ni fixité, ni sécurité, ni indépendance; elle exclut le droit, elle exclut la liberté des mouvements. On existe aujourd'hui, on peut ne pas exister demain; on est en l'air, on vit au jour le jour, on fait le bien sous le bon plaisir. La vraie charité chrétienne et par conséquent libre n'admet pas des combinaisons de ce genre; vouloir l'y soumettre c'est l'étrangler. De quelque côté que j'envisage votre acte du 16 octobre, j'y trouve la destruction de la Société de Saint-Vincent de Paul.

Le prêtre le plus éloquent de ce siècle qui, à l'heure où j'écris ces lignes, s'achemine peut-être vers les cieux, où l'attend la palme du bon combat, disait, il y a six ans, en glorifiant la Société de Saint-Vincent de Paul, devant le cercueil d'Ozanam : « Les « révolutions elles-mêmes, qui avaient déraciné tant « d'œuvres, ont respecté celle-ci. Le parfum sans tache « de la charité a écarté d'elle le soupçon; on a cru à sa « sincérité parce qu'elle a été sincère. » Le P. Lacordaire n'imaginait pas tous les trésors de confiance et de liberté que peut renfermer la démocratie entendue à votre façon.

XVII

Les conférences établies hors de notre patrie pourront se réorganiser. Plus heureux que la terre de France, le sol étranger restera librement propice au génie de saint Vincent de Paul : les sauvages d'Amérique lui demeureront hospitaliers. Mais notre patrie souffrira du coup que vous avez frappé ; elle souffrira par la diminution des consolations et des dons apportés : elle souffrira par le vide que fera tout à coup une œuvre dont les bienfaits étaient si étendus, si constants et si divers. L'œuvre fournissait tous les ans aux misères de notre pays un budget de plusieurs millions; on la retrouvait à chacune de ces catastrophes qui imposent des sacrifices à une nation ; quoiqu'elle n'eût pas coutume de parler de son patriotisme, elle suivait avec émotion les destinées de notre drapeau, et, dans ses préoccupations généreuses, les blessés de Crimée ne furent pas oubliés. Tous ceux qu'elle assistait et qui ne la retrouveront plus, ne se nommeront pas, ne se plaindront pas tout haut, ne se réuniront pas pour redemander des ressources perdues et des sources taries; mais d'innombrables deshérités vont se trouver face à face avec leur dénûment et leurs douleurs.

« J'ai compassion de ce peuple, » *misereor super turbam,* avait dit la Société de Saint-Vincent de Paul

comme autrefois son divin inspirateur, et vous ne l'avez
pas laissée libre de distribuer ses « pains et ses poissons »
la multitude qui a faim.

XVIII

La dissolution de la Société de Saint-Vincent de Paul
sera aussi une diminution du bien moral dans notre
pays. La charité, quand elle s'en allait dans les réduits,
n'était ni muette ni sèche ; un mot religieux, un bon
conseil conviait à l'honnêteté, au courage, à l'espérance ;
on n'oubliait pas qu'il y avait là des créatures faites à
l'image de Dieu, des âmes immortelles ; on leur faisait
entrevoir ce qu'elles ignoraient, on leur insinuait le goût
de ce qu'il y a de meilleur et de plus pur, on les soule-
vait : on entr'ouvrait devant eux les portes du ciel. Il y
avait des semences inutilement jetées ; tout ne ger-
mait pas ; mais que de gens ramenés à une condition
régulière, à de bonnes habitudes, à la connaissance et
à l'amour du bien ! en soulageant l'indigence, on com-
battait le vice, et la charité exerçait sans bruit un minis-
tère social.

XIX

Lorsqu'on se penche sur ce vivant abîme où bouillonnent tant de passions et de haines, on ne conçoit pas qu'on ose y retrancher quelque chose de ce qui peut dompter, adoucir, pacifier. Depuis qu'il y a des nations, l'épreuve est faite de ce qui trouble et de ce qui préserve. Les hommes d'État se sont toujours attachés au maintien, à l'extension des éléments heureux qui peuvent aider à la marche du monde ; quelle action plus salutaire au cœur d'un peuple que l'action permanente de la Société de Saint-Vincent de Paul? et, d'un seul coup, vous l'anéantissez, Monsieur le Ministre. Mais avec quels points d'appui et quelles idées pensez-vous donc gouverner? êtes-vous bien convaincu que la Société de Saint-Vincent de Paul puisse être parfaitement remplacée par la Société des francs-maçons reconnue et autorisée ?

XX

Une dernière observation.

L'aumône est une loi établie de Dieu pour faire l'égalité chez les hommes ; *ut fiat æqualitas*, dit saint Paul. L'aumône est un droit que l'homme, vassal de Dieu, paye à son Seigneur dans la personne des pauvres, appelés les receveurs du domaine de Dieu ; le génie catholique, si admirable envers les pauvres, appelle leur main le trésor de Dieu : *Gazophylacium Dei, manus pauperis.* En entravant la charité, vous empêchez le développement de cette loi de l'aumône, loi d'ordre et d'harmonie dans la société humaine, et par là votre circulaire, Monsieur le Ministre, s'attaque aux plans de la Providence.

XXI

Pourquoi, en finissant, ne pas vous révéler à vous-même le secret de vos coups ? les grands bienfaits de la Société de Saint-Vincent de Paul vous étaient connus ; elle a reçu vos hommages jusqu'au moment où vous avez fait cause commune avec le spoliateur du Pape, et dès lors vous êtes entré en suspicion à son égard. Dans votre entreprise contre le pouvoir temporel du chef de l'Église, vous avez négligé de prévoir que les catholiques ne marcheraient pas à vos côtés.

XXII

Mais tout ce que vous tuez ne meurt pas. Avez-vous entendu parler de l'histoire de Tabithe ? elle fut ressuscitée par les pauvres qu'elle avait assistés. Ainsi ressuscitera la Société de Saint-Vincent de Paul mise à mort par votre circulaire ; mais, d'ici là, que de misères inconsolées et que de chaînes autour de son tombeau !

Agréez, etc.

Rouen, 24 octobre 1861.

POUJOULAT.

Paris. — Imp. W. REMQUET, GOUPY ET Cie, rue Garancière, 5.